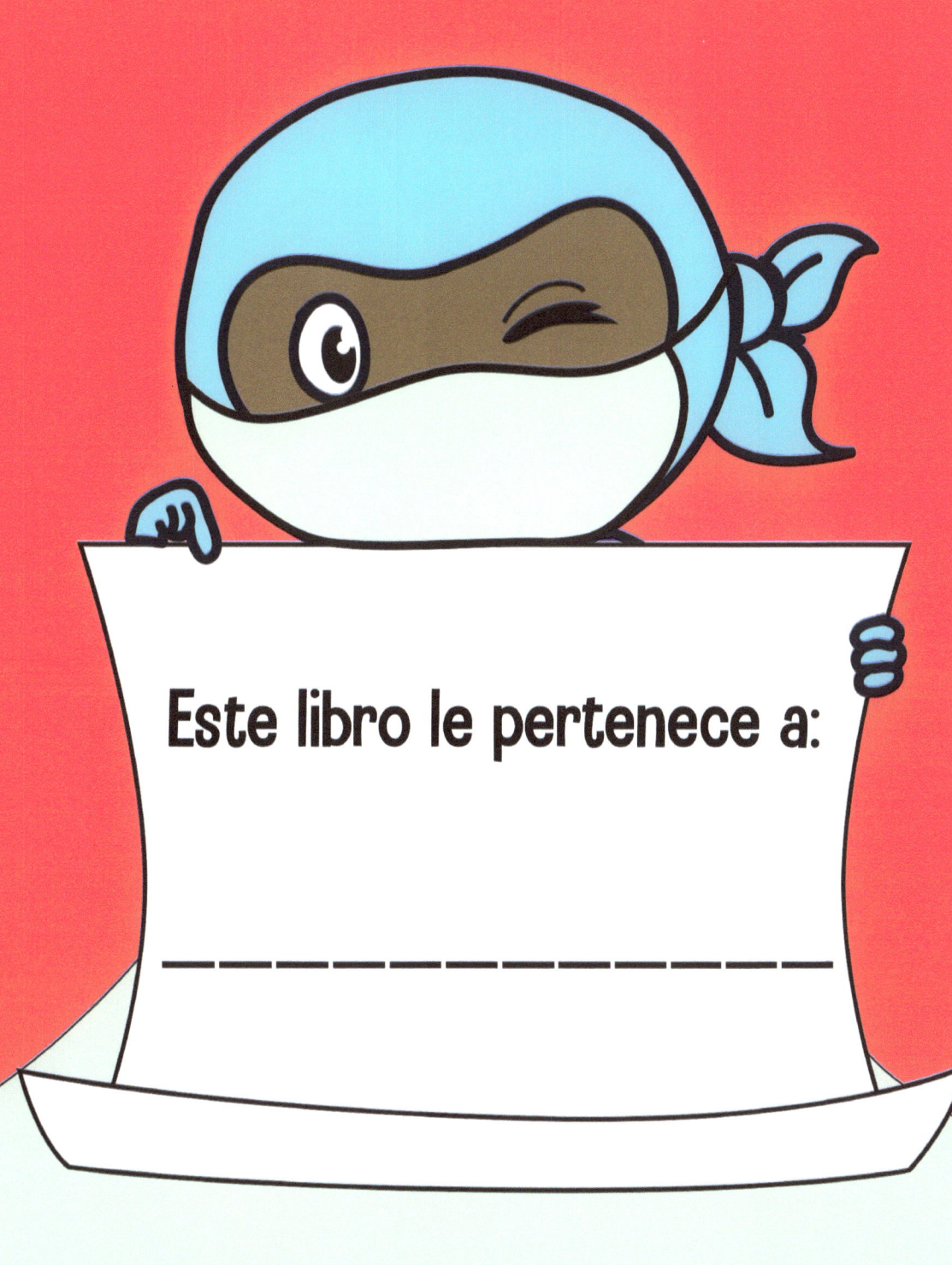

Las máscaras son máscaras quirúrgicas que se ponen los doctores. Estas ayudan a protegerlos al crear una barrera en contra de los virus y las bacterias.

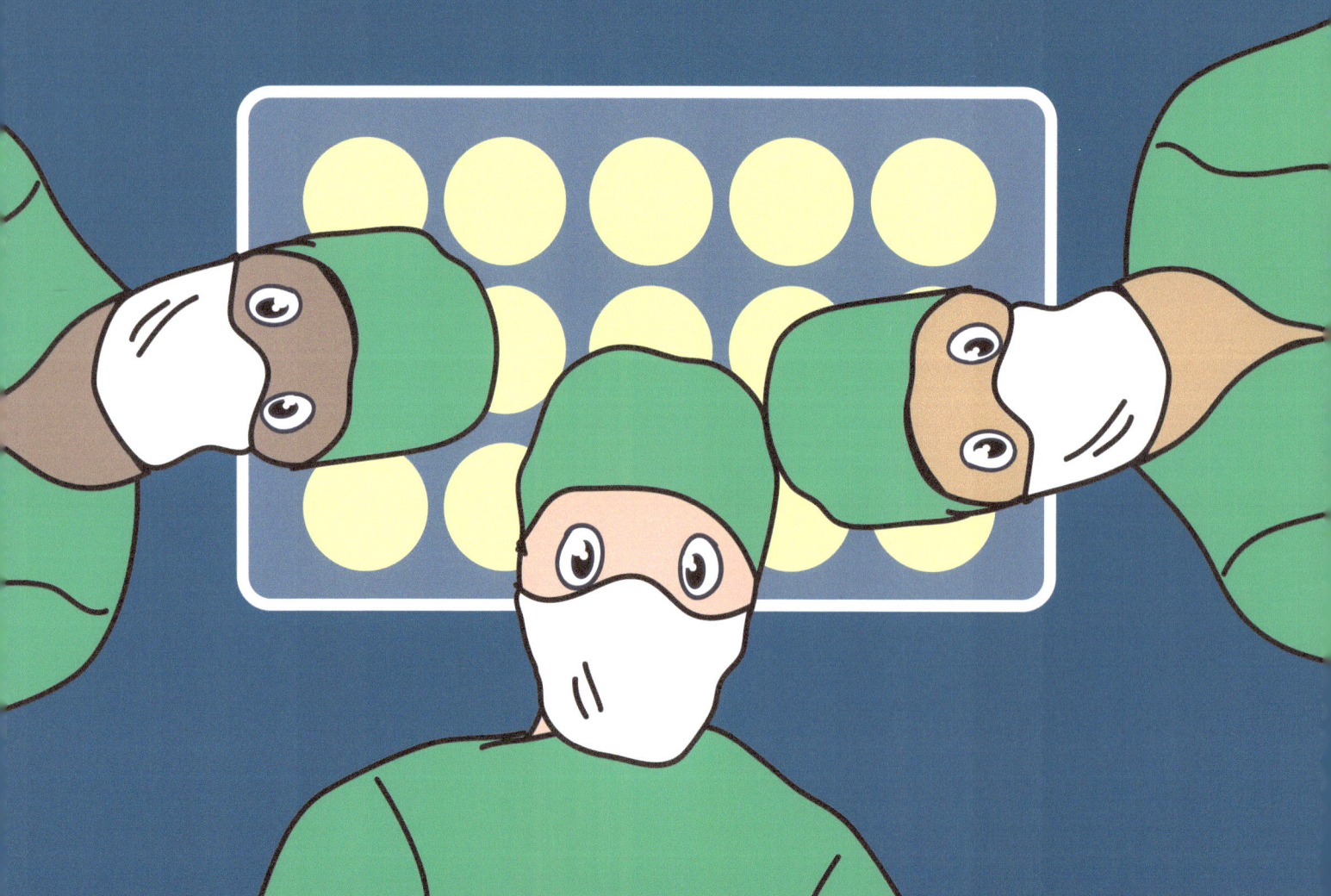

Los virus pueden hacerte sentir muy mal.

A veces, pueden causar que te enfermes mucho.

El virus actual está causando que todos se enfermen por todo el mundo. Cuando esto ocurre, se llama una pandemia.

Los virus se propagan cuando una persona infectada tose, estornuda o está en contacto cercano con otra.

La enfermedad llega cómo una avalancha, pero se va lentamente cómo el hilado de seda.

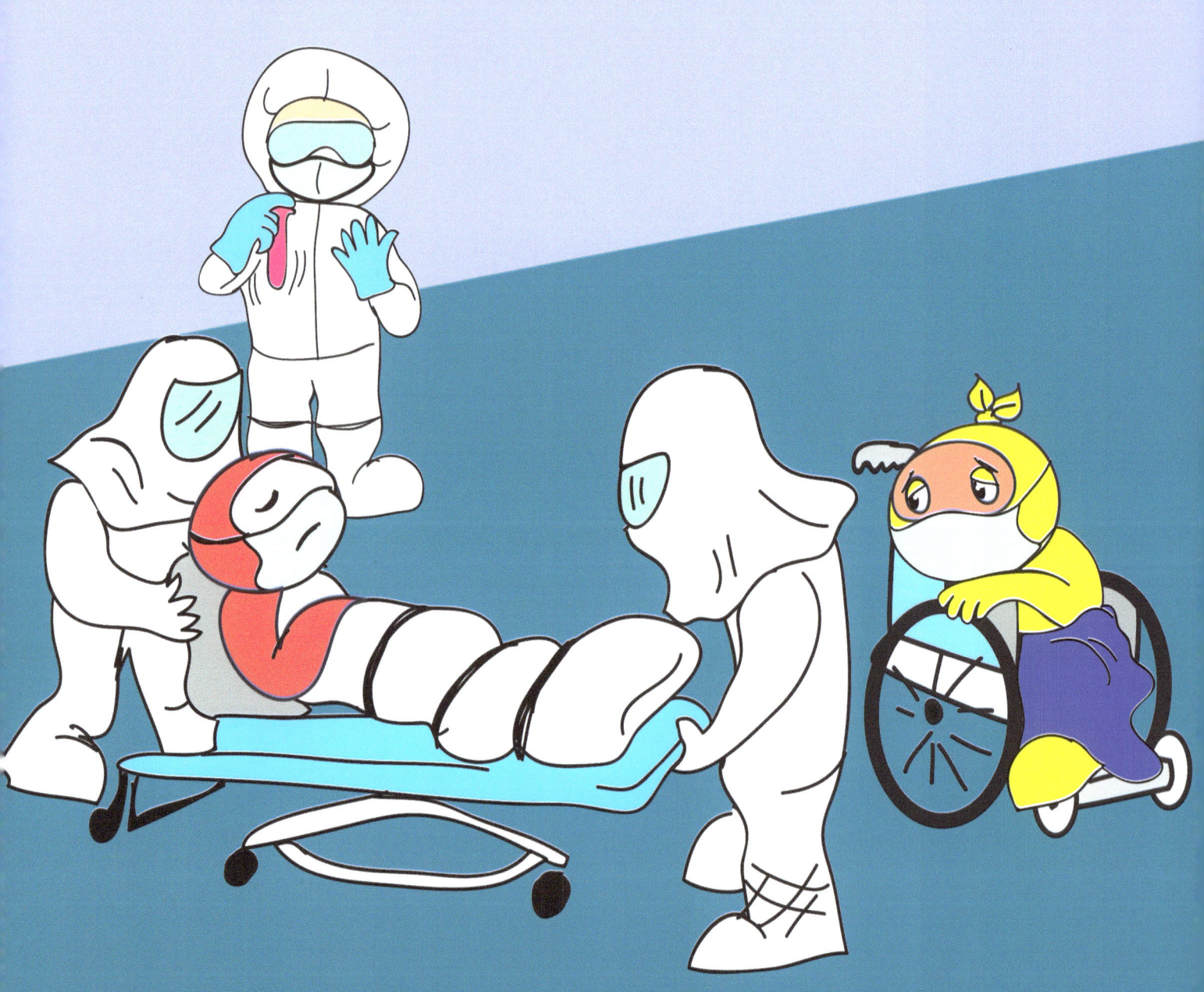

A demás de ponerte una máscara y mantener una distancia segura entre otras personas, puedes prevenir la transmisión de los virus al lavarte las manos.

Para hacer esto correctamente, es bueno lavarse las manos más a menudo con agua y jabón por un mínimo de 20 segundos.

Otra cosa que puedes hacer es evitar tocarte la cara.

En promedio, nos tocamos la cara más de 100 veces al día.

Al estornudar en el interior de tu codo o en un pañuelo estarás mostrando respeto a otras personas al protegerlas de tus gérmenes.

Y recuerda cubrir tu boca cuando tosas.

Es mejor toser en un pañuelo, pero si no tienes uno puedes usar la parte superior de tu manga.

Hay muchos rumores en la internet de los virus que causan las pandemias. Debes solo escuchar a tu doctor, el CDC o el OMS.

El OMS se refiere a la Organización Mundial de la Salud.

Estos son recursos de información fiables.

Si estás siendo acosado, debes reportarlo a un adulto.

Estamos todos juntos en esto y por eso es importante ser amable unos con otros.

El recordar estos consejos puede ser tu arma secreta en contra de la transmisión de los virus y el racismo.

Imprimibles gratis y divertidos en
NinjaLifeHacks.tv

 @marynhin   @GrowGrit
#NinjaLifeHacks

 Mary Nhin   Ninja Life Hacks

 Ninja Life Hacks

Lightning Source UK Ltd.
Milton Keynes UK
UKHW052046190223
417163UK00004B/79